CB079611

Para: ______________________

De: ______________________

V&R

Direção editorial: María Nazareth Alves
Edição: Fabrício Valério
Assistente editorial: Natália Chagas Máximo
Tradução: Angela Tijiwa
Revisão: Bia Nunes de Sousa
Direção de arte: Paula Fernández
Projeto gráfico: María Natalia Martinez
Diagramação: Pamella Destefi

www.vreditoras.com.br

Rua Capital Federal, 263 – Bairro Sumaré
CEP 01259-010 – São Paulo – SP
Tel./Fax: (55 11) 4612–2866
e–mail: editoras@vreditoras.com.br

ISBN 978-85-7683-363-5

Impresso na China • Printed in China

Dados Internacionais de Catalogação na Publicação (CIP)
(Câmara Brasileira do Livro, SP, Brasil)

Ferri, Laura
Sonhe, acredite – conquiste! / Laura Ferri; tradução de Angela Tijiwa. – São Paulo: Vergara & Riba Editoras, 2012.

Título original: Sueña, cree – triunfa!
ISBN 978-85-7683-363-5

1. Autoajuda (Psicologia) 2. Autoconfiança 3. Conduta de vida I. Título.

12-00970 CDD-158.1

Índices para catálogo sistemático:
1. Autoajuda: Conduta de vida: Psicologia aplicada 158.1

Laura Ferri

Sonhe, Acredite... Conquiste!

Ilustrações de Omar Tiraboschi

V&R Editoras

Sonhe

Sonhe sempre e mire mais alto
do que você acredita que pode.
Não se preocupe apenas em ser melhor
que seus contemporâneos ou antepassados.
Tente ser melhor do que você mesmo.

William Faulkner

O primeiro dever do homem é desenvolver
todo o seu potencial, tudo aquilo
que ele pode vir a ser.

André Maurois

Todos os grandes homens são
sonhadores. Eles enxergam coisas
na suave neblina de um dia de
primavera ou no fogo vermelho
de um longo anoitecer de inverno.

Woodrow Wilson

Se você pode sonhar, pode fazer.

Walt Disney

A força mais poderosa deste planeta
é uma alma em chamas.

Ferdinand Foch

Há uma coisa que dá brilho a tudo.
É a ideia de que algo o espera
ao virar a esquina.

G. K. Chesterton

Sou um sonhador prático.
Meus sonhos não são ilusões vazias.
Quero transformá-los em realidade.

Mahatma Gandhi

Os sonhos por si só não levam ao sucesso.
O sucesso é conquistado com trabalho sistemático.
Mas antes precisamos desses doces sonhos
para que nos deem a energia e o entusiasmo
que surgem somente quando o desejo encontra
nossos recursos internos.

Frederick G. Harmon

Por que não ampliar o desafio ao máximo
para ver até onde é possível chegar?

Jim Rohn

Mergulhe de cabeça nas coisas,
suje as mãos, caia de bruços
e então vá buscar as estrelas.

Joan L. Curcio

Quanto mais alto o ser humano colocar sua meta,
mais ele crescerá.

Friedrich von Schiller

Vou fazer! Eu sou! Eu posso! Vou tornar meu sonho realidade. Seguirei em frente. Vou estabelecê-lo e acompanhá-lo até o fim. Vou resolver os problemas. Pagarei o preço. Nunca vou abandonar meus sonhos até vê-los concretizados. Alerta! Vivo! Realizado!

Robert Schuller

Gosto mais dos sonhos do futuro do que da história do passado.

Thomas Jefferson

Vista é o que você vê com os olhos. Visão é o que você vê com a mente.

Robert Kiyosaki

Sou o pó e o desejo
postos em perpétua guerra,
sou um pouquinho de terra
que anseia pelo céu.

José María Pemán

A vontade de chegar, a gana de vencer,
o desejo de usar todo o seu potencial, estas são
as chaves para abrir as portas de sua excelência.

Eddie Robinson

Não despreze seus sonhos.
O que seria do mundo sem ilusões?

Ramón de Campoamor

Só é possível progredir quando se pensa grande;
só é possível avançar quando se olha longe.

José Ortega y Gasset

Afaste-se daqueles que
menosprezam suas ambições.

Mark Twain

Devemos dormir com os olhos abertos,
devemos sonhar com as mãos...

Octavio Paz

Não há absolutamente nada
que não possa ser conquistado.

Huang-po

Só tão alto quanto alcanço posso crescer,
Só na distância onde exploro posso chegar,
Só na profundidade em que olho posso ver,
Só na medida em que sonho posso ser.

Karen Ravn

Se seguir seus sonhos com desejo,
vontade e esforço, eles se tornarão
fatos concretos, realidades que
o encherão de admiração e satisfação.

Julia Soler

Vamos nos comprometer com nossa causa,
e não submeter aos desígnios dos outros
o desejo glorioso de escolher como queremos
viver. Vamos, sem hesitar, em busca de tudo
aquilo que sonhamos.

Henrietta Brown

E veem o céu e voltam a ter sono,
E voltam a pousar adormecidos,
E voltam a tocar o fundo do mar
E acordam, sobem de novo.
Assim são nossos sonhos.

Silvina Ocampo

Acredito que mais forte que a sabedoria
é a imaginação. Que mais potente que
a história é o mito. Que a esperança sempre
vence a experiência. Que a única cura para
a dor é o riso. Que mais poderosos que
a realidade são os sonhos.

Robert Fulghum

A única maneira de salvarmos nossos sonhos,
é sendo generosos conosco mesmos.

Paulo Coelho

Há uma luz em algum lugar
onde os sonhos se tornam realidade.
Bem além do sol, bem além do mar,
bem além do tempo, sei que há um
lugar onde quero ir, onde quero estar.
Hoje a fantasia se torna realidade...

Alejandro Lerner

Acredite

Houve quem atingiu o sucesso
porque se atreveu a acreditar
que algo dentro dele era superior
às circunstâncias que o cercavam.

Bruce Barton

Não acho que nada seja irreal
se estou convencido de que posso fazê-lo.

Mike Ditka

Tudo é possível ao que crê.

Marcos 9:23

Otimismo, entusiasmo, fé, integridade, valor, confiança, determinação, paciência, serenidade e foco. Estes são os dez ingredientes básicos de uma atitude positiva.

Scott W. Ventrella

Somente o ser humano tem a capacidade de transformar seus pensamentos em algo concreto e palpável.

Napoleon Hill

Quando você cessa o diálogo interno,
tudo se torna possível; os projetos
mais absurdos se tornam alcançáveis.

Carlos Castaneda

Sonhar que faz algo não é fazê-lo.
Se a vontade não coincide com a ação,
os sonhos não são mais do que caprichos.

André Maurois

Para os sonhos não há fronteiras.
São como continentes imensos,
extensões de terra que a vista não alcança.

Raymond S. Ferrer

Enfrente o dia com otimismo, atitude
e força, não fique adormecido. Esteja alerta,
preparado e bem disposto: essa é a receita.

Alan Rey

A força não provém da capacidade física.
Ela provém de uma vontade indomável.

Mahatma Gandhi

Analise seu caminho e a natureza de sua luta.
O mundo que deseja pode ser conquistado.
Existe, é real, é possível, é seu.

Ayn Rand

Ter fé é acreditar nas coisas que você não vê;
a recompensa por essa fé é ver aquilo
em que você acredita.

Santo Agostinho

Que débeis são as razões que nos induzem
a não alçar nosso voo da Terra!

Dante Alighieri

Para abrir novos caminhos é preciso inventar, experimentar, crescer, correr riscos, quebrar regras, equivocar-se... e se divertir.

Mary Lou Cook

Não diga: "é impossível". Diga: "ainda não fiz".

Provérbio oriental

Quando você começa a fazer alguma coisa, a motivação surge e faz com que seja fácil continuar fazendo.

John Maxwell

As coisas que você faz bem, faça melhor.
Seja audacioso, seja o primeiro,
seja diferente, seja justo.

Anita Roddick

Devemos aceitar a decepção finita,
mas nunca perder a esperança infinita.

Martin Luther King

Há uma palavra para a vitória que opera prodígios:
a palavra milagre. Quem é positivo pensa que
nada é bom o suficiente para ser verdade,
de modo que acredita em milagres.

Norman V. Peale

Há qualidades que todos devem ter
para vencer, que é a definição do objetivo,
o conhecimento exato do que se quer
e um desejo ardente de alcançá-lo.

Napoleon Hill

A esperança é essa coisa com plumas
que repousa na alma,
entoa sua canção sem palavras
e nunca se cala...

Emily Dickinson

Crer em heroísmo cria heróis.

Benjamin Disraeli

Se você acreditar plenamente em si mesmo,
não fará nada que esteja fora de suas possibilidades.

Wayne Dyer

Se você souber o que está fazendo e acreditar nisso, se sairá bem em qualquer coisa que decidir realizar.

Riva Yares

A vitória acreditará em você,
se você acredita na vitória.

Paulo Coelho

O homem não precisa de muito
para alcançar o céu, pois o céu
está disposto a inclinar-se para ele.

Francis Thompson

A vida é como uma arca imensa repleta
de possibilidades.

Amado Nervo

Quando a dor o sufocar e tudo for sofrimento,
talvez você deva descansar, mas nunca desistir!

Rudyard Kipling

O sucesso começa quando você quer.
Querer não é um desejo vago,
mas antes um anseio incontestável,
que não aceita uma negativa.

Frederick G. Harmon

Conquiste!

Os jovens não sabem muito bem como ser prudentes.
Por isso, buscam o impossível e o alcançam.
Geração após geração.

Pearl. S. Buck

O desejo é a motivação. Mas a determinação,
a implacável busca pela vitória e o compromisso
com a excelência também farão com que
você possa conseguir o que deseja.

Mario Andretti

Nunca é tarde demais para ser
aquilo que você poderia ser.

George Eliot

Alguns vencem porque estavam destinados a isso.
A maioria, por estar decidida a vencer.

Anatole France

Os grandes trabalhos são realizados graças
à perseverança e não graças à força.

Samuel Johnson

Não é grande aquele que sempre vence,
mas o que nunca desiste.

José L. Martín Descalzo

Quando semear com fé
e cultivar com perseverança,
colher os frutos será só uma questão de tempo.

Thomas Carlyle

Antes de se tornar realidade, o maior sucesso foi,
por um tempo, o esboço de um sonho.
O carvalho dorme em seu fruto, o pássaro espera no ovo
e a maior visão de uma alma se espreguiça em um anjo.

James Allen

Pode-se abrigar um sonho durante anos
e transformá-lo de repente em realidade.
Sejam pacientes. Isso ocorrerá cedo ou tarde.
A vida abrirá as portas e permitirá que entrem
e participem de uma grande festa!

Louis Brown

Se já iniciou um caminho,
siga adiante sob qualquer circunstância.

Franz Kafka

Se é difícil, farei imediatamente;
se impossível, vou demorar
um pouco mais.

Robert Baden-Powell

Não se pode vencer alguém
que não se rende.

Babe Ruth

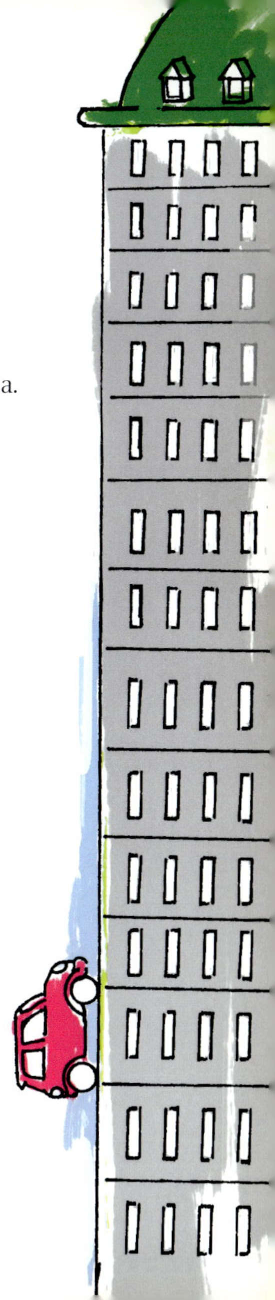

Os obstáculos são necessários para se alcançar o sucesso.
A vitória é conquistada após muitas batalhas
e inúmeras derrotas. Portanto, a cada batalha,
a cada derrota, aperfeiçoe sua capacidade e aprimore
suas virtudes, sua coragem e resistência, sua habilidade
e confiança, e, assim, cada obstáculo se transformará
em um aliado que o motivará a ser melhor.
Se evitar as dificuldades, estará desperdiçando seu futuro.

Og Mandino

Nossa determinação em vencer é mais importante do que qualquer outra coisa.

Abraham Lincoln

O triunfo é filho da audácia.

Benjamin Disraeli

O segredo do verdadeiro sucesso reside na vontade de ser o melhor que você pode vir a ser.

Harold Taylor

Acelere lentamente. Essa é a base do triunfo.

Julio César

Um dia aprendi que os sonhos existem para se tornar realidade. E desde aquele dia já não durmo para descansar, simplesmente durmo para sonhar.

Walt Disney

Você sempre viverá em suas ações.
Com as pontas de seus dedos
toca o mundo, arranca dele auroras,
triunfos, cores, alegrias:
é a sua música.
A vida é o que você toca.

Pedro Salinas

A ambição é o caminho para o sucesso; a tenacidade, o veículo com o qual se chega a ele.

James Eardley Hill

As tentativas fracassadas são milagrosas,
nos obrigam a usar a imaginação para encontrar outros caminhos que, surpreendentemente, nos conduzem a lugares inesperados e, assim, à descoberta.

Isamu Noguchi

O Entusiasmo é uma força maior,
voltada para a vitória final.

Paulo Coelho

Quando nossos sonhos se realizam,
compreendemos a riqueza de nossa imaginação.

Ninon de Lenclos

As chaves para o sucesso: escolha aquilo que o apaixone,
dê o melhor de você e não deixe escapar as oportunidades.

Benjamin F. Fairless

Sonhar tudo o que deseja sonhar.
Essa é a beleza da mente.
Fazer o que deseja fazer.
Essa é a força da vontade humana.
Encarar seus limites com confiança.
Essa é a coragem para se alcançar a meta.

Bernard Edmond

Laura Ferri é um pseudônimo criado pela equipe editorial da V&R. Sob a direção de Lídia Maria Riba, essa equipe fez a pesquisa literária, compilou e editou as frases e os trechos de poemas que compõem este livro.

Sua opinião é muito importante!

Mande um e-mail para **opiniao@vreditoras.com.br** com o título deste livro no "Assunto".

Conheça mais em:
www.vreditoras.com.br